ME GUSTA TENER MI HABITACIÓN LIMPIA

Por Shelley Admont
Ilustrado por Sonal Goyal y Sumit Sakhuja

www.kidkiddos.com
Copyright©2014 by S.A.Publishing ©2017 by KidKiddos Books Ltd.
support@kidkiddos.com

All rights reserved. No part of this book may be reproduced in any form or by any electronic or mechanical means, including information storage and retrieval systems, without written permission from the publisher or author, except in the case of a reviewer, who may quote brief passages embodied in critical articles or in a review.

Todos los derechos reservados. Ninguna parte de este libro se puede utilizar o reproducir de cualquier forma sin el permiso escrito y firmado de la autora, excepto en el caso de citas breves incluidas en reseñas o artículos críticos.

Second edition, 2019

Traducción al inglés de A. S. Belyaev

Library and Archives Canada Cataloguing in Publication
I Love to Keep My Room Clean (Spanish edition) / Shelley Admont
ISBN: 978-1-5259-1151-4 paperback
ISBN: 978-1-77268-449-0 hardcover
ISBN: 978-1-926432-22-9 ebook

Although the author and the publisher have made every effort to ensure the accuracy and completeness of information contained in this book, we assume no responsibility for errors, inaccuracies, omission, inconsistency, or consequences from such information.

Para aquellos a los que más quiero - S.A.

Era una mañana soleada de domingo en un bosque lejano. Tres hermanos conejos acababan de despertarse cuando su madre entró en la habitación.

-¡Buenos días, chicos! -dijo la madre-. Os he oído moveros por aquí.

-Mami, pero no tenemos por qué levantarnos -dijo el hermano mayor.

-Hoy es domingo, podemos dormir todo lo que queramos -añadió el hermano mediano con una sonrisa.

-¡Yo todavía estoy durmiendo! -dijo Jimmy, el menor de los hermanos, mientras se tumbaba de nuevo en su cama y cerraba los ojos-. Todos los conejos, hermanos y madre, empezaron a reír a carcajadas.

—Está bien —dijo mamá tras calmarse—. Podéis quedaros en la cama un rato más, pero yo tengo que salir.

Necesito visitar a vuestra abuelita hoy y tendréis que quedaros con vuestro padre hasta que yo vuelva.

-Cuando os levantéis de la cama, cepillaros los dientes y tomad el desayuno -explicó la madre-. ¡También os he preparado una sorpresa para el postre! Los hermanos sonrieron haciéndose guiños entre ellos.

-Tras eso, podéis leer algún libro o jugar con vuestros juguetes -dijo la madre-. Sí, podéis salir a jugar al baloncesto o con las bicicletas.

-¡Qué bien!- Los hermanos conejos comenzaron a saltar en las camas mostrando su felicidad.

-Pero... -continuó mamá- os hago responsables de limpiar vuestra habitación. Cuando yo vuelva, quiero ver esta casa limpia y ordenada, tal y como está ahora. ¿Podréis hacerlo?

-¡Claro mamá! -respondió el hermano mayor orgullosamente-. Ahora somos mayores y podemos ser responsables.

Después de lavarse los dientes, papá les sirvió un delicioso desayuno y luego un postre aún más delicioso. ¡Y comenzó la diversión!

Los conejitos comenzaron a jugar con un rompecabezas.

Continuaron con los bloques de madera para la construcción y luego jugaron juntos a construir la vía del tren antes de ponerlo en marcha.

-Esta vía del tren es mi favorita -dijo Jimmy mientras encendía el botón-. El tren hizo vibrar la vía al moverse.

-Es el mejor regalo que recibí en mi último cumpleaños.

Después de jugar durante horas dentro de la casa, los conejitos estaban aburridos.

-¡Vamos a jugar fuera! -dijo el hermano mediano mirando por la ventana.

-¡Sí!, pero necesitamos limpiar esto antes -dijo el hermano mayor.

-¡Bah!, tenemos mucho tiempo antes de que mami regrese -respondió Jimmy-. Ya limpiaremos después.

Los hermanos mayores estuvieron de acuerdo y salieron a jugar.

Fuera de la casa, los tres hermanos conejitos disfrutaron de un tiempo soleado. Finalmente, decidieron jugar al baloncesto.

-Necesitaremos la pelota de baloncesto -dijo el hermano mayor-. Pero no recuerdo dónde la hemos puesto.

-Debería estar en aquella caja junto con los otros juguetes de deportes -respondió el hermano mediano.

-Creo que está debajo de mi cama -agregó Jimmy-. Es igual, debe de estar en algún sitio en nuestra habitación. Voy a buscarla -dijo Jimmy mientras corría hacia la casa, esperando encontrar la pelota.

Cuando abrió la puerta de su habitación se sorprendió.

El suelo estaba cubierto de piezas de rompecabezas, bloques de construcción, coches, vías de tren y otros juguetes.

-¿Quién ha hecho este desorden? - dijo y comenzó a caminar con mucho cuidado, tratando de no pisar nada.

De pronto, se balanceó y perdió el equilibrio. Intentó mantenerse en pie pero no pudo y cayó directamente sobre su tren favorito.

-¡Ay! -gritó mientras veía las ruedas del tren volando en diferentes direcciones-. ¡Noooooo, mi tren! Jimmy comenzó a llorar. ¡Mi tren favorito!

-¿Estás bien cariño? -papá apareció en la puerta-. No podía entrar en la habitación por culpa del desorden.

-Estoy bien, pero mi tren..., -lloró Jimmy, señalando hacia las ruedas rotas del tren.

-No puedo ver el tren -dijo papá-. ¿Y qué ha pasado exactamente en esta habitación?

-Solamente estábamos jugando... luego nos fuimos fuera -dijo Jimmy mientras las lágrimas corrían por sus mejillas.

-Jimmy, ¿por qué tardas tanto? -se escucharon las voces de los dos hermanos corriendo hacia la casa.

-¡Ohhhhh, ohhhh! Esto no pinta bien -dijo el hermano mayor al pararse junto a su padre y mirar la habitación.

-¿Nosotros hemos hecho todo esto? -preguntó el hermano mediano, sorprendido.

-¡Mi tren se ha roto! -Jimmy no paraba de llorar.

-No llores Jimmy -le dijo el hermano mayor-. Ya pensaremos en algo, ¿papá?
-Puedo echarle un vistazo. Quizás pueda pegarlo -dijo papá.

—Pero necesitáis limpiar todo esto. Traed el tren y las ruedas cuando las encontréis.

Y con esas palabras papá salió de la habitación.

-Necesitamos darnos prisa, antes de que mamá vuelva -dijo el hermano mayor-. Comenzaron a colocar los juguetes en su sitio y ayudaron a Jimmy a levantarse.

-¡Ay!, arreglar es aburrido -dijo Jimmy susurrando y contemplando todo el desorden en la habitación.

-¡Vamos a jugar al juego de ordenar! -exclamó el hermano mayor-. Jimmy se alegró de escuchar esas palabras.

-¡La tormenta se acerca! –gritó-. Necesitamos ayudar a todos los juguetes a volver a sus casas.

-¡Somos superhéroes! -gritó el hermano mediano, mientras recogían los juguetes del suelo y los colocaban cada uno en su sitio-. ¡Estamos aquí para ayudar!

Recogieron todo y, tras eso, cada uno hizo su cama.

Los hermanos ordenaron y limpiaron todo, mientras jugaban y disfrutaban con el juego.

-¡Todas las ruedas están aquí! -dijo Jimmy, corriendo hacia su padre con el tren roto y las ruedas en sus manos.

-¡Encontré la pelota de baloncesto! -gritó el hermano mediano con alegría.

-Ponla en su caja y....habremos terminado -dijo el hermano mayor lleno de felicidad.

—¡Fue realmente divertido! -exclamó el hermano mediano sentándose en su cama-. ¡Pero nos llevó toda una hora! Había mucho desorden.

—¡No! —gritó Jimmy entrando en la habitación—. ¡No te sientes ahí!

—¿Qué?, ¿por qué? —preguntó su hermano mediano, saltando de la cama.

—Porque la acabas de hacer. Si te sientas ahí ahora, tendrás que hacerla de nuevo —explicó Jimmy.

—Sí, creo que tienes razón —agregó el hermano mediano mientras se quedaba de pie junto a la cama.

—Quizás os gustaría leer un libro ahora —dijo el hermano mayor, acercándose a la librería.

-No toques esos libros -gritó Jimmy-. ¡Los he ordenado por colores!
-¡Perdón! -dijo el hermano mayor-. Pero entonces, ¿qué hacemos? No podemos jugar con nada.

Todos se quedaron en silencio en la habitación. Pensaron durante un minuto y, entonces, el hermano mayor gritó:

-¡Tengo una idea! -Los dos hermanos menores lo escuchaban atentamente.

-¡Qué tal si limpiamos después de cada juego? –sugirió-. Así no tardaríamos tanto tiempo en poner los juguetes en su sitio.

-Probemos -dijo Jimmy muy contento.

Primero, el hermano mayor leyó a sus dos hermanos pequeños un maravilloso libro con imágenes animadas. Cuando terminaron de leerlo, lo colocaron de nuevo en la librería.

Luego, construyeron una gran torre con sus bloques de colores. Cuando terminaron, pusieron los bloques en su caja, y... ¡la habitación seguía limpia!

En ese momento, mamá y papá llamaron a la puerta.

-¡Os he echado mucho de menos! -dijo mamá-. Pero veo que os habéis organizado para mantener la habitación limpia. Estoy muy orgullosa de vosotros.

-¡Y aquí está tu tren, Jimmy! -dijo papá dándole el juguete-. Las ruedas estaban pegadas y Jimmy sonrió.

-¿Quién quiere probar las galletas que la abuelita ha hecho para vosotros? -preguntó mamá.

-"¡Yo! -gritaron los hermanos y también papá.

—Pero vamos a comerlas en la cocina, no en esta habitación limpia —dijo Jimmy muy serio—. ¿Verdad mamá?

La familia entera comenzó a reír a carcajadas. Después, se dirigieron a la cocina a comer las galletas.

Desde ese día, a los hermanos les gusta mantener su habitación limpia y ordenada.

Juegan con todos sus juguetes pero cuando terminan, colocan todo de nuevo en su sitio.

Y nunca tardan mucho tiempo en volver a dejar limpia su habitación.